DÉONTOLOGIE MÉDICALE.

RÉPONSE
A
UNE ACCUSATION

PAR

le D' GIGNOUX (de Rouen).

« Je connais une arme plus terrible
que la Calomnie, c'est la Vérité. »
CRÉTINEAU-JOLY.

ROUEN
IMPRIMERIE DE E. CAGNIARD,
Rues Jeanne d'Arc, 88, et des Basnage, 5.

1873.

Pendant la séance de la Société de Médecine de Rouen du 11 août, M. le docteur X, qui n'est pas membre de cette Société, demande la parole et......... l'obtient.

M. le docteur X a évidemment quelque importante communication scientifique à faire, pour assister ainsi à la réunion d'une compagnie à laquelle il n'appartient pas, et prendre la parole comme un véritable sociétaire ? Il va sans doute soulever un nouveau coin de ce grand voile qui nous cache, hélas ! tant de choses, — qui sait ? il a peut-être fouillé plus avant l'insondable mystère des *Origines de la Vie ?*

Point.

M. le docteur X vient tout simplement, ce jour-là, exécuter un confrère, en accusant ledit confrère :

D'être un de ces ignorants, qui prennent pour un cancer, une vulgaire manifestation syphilitique;

D'avoir osé détourner une malade, — atteinte d'une lésion syphilitique de la langue, déjà en voie de guérison, — des soins aussi efficaces qu'intelligents, dont elle était l'objet de la part de l'honorable docteur X.

D'avoir trompé cette malade sur la nature de son mal, et de lui avoir fait subir CRIMINELLEMENT une amputation partielle de la langue ;

D'avoir appelé à son aide, pour perpétrer ce forfait, un *magnétiseur* de Paris ;

En un mot, comme en cent, de s'être montré, dans la circonstance, aussi indélicat confrère qu'incapable médecin.

Incapacité, charlatanisme, indélicatesse, crime, telles sont les aménités confraternelles que l'honorable docteur X décoche, en pleine Société de Médecine, — par derrière — à l'accusé.

L'accusé, c'est Moi.

Naturellement, au début de la séance suivante, je fis remettre sur le bureau de M. le Président, une réfutation en bonne et due forme, afin d'édifier l'honorable Compagnie sur la valeur de la diatribe qu'elle avait entendue. J'établissais par des faits incontestables et déjà contrôlés par d'autres médecins, que s'il y avait eu dans cette affaire un ignorant, — le mot n'est pas de moi, — l'ignorant, loin de s'appeler le docteur Gignoux, se nommait bel et bien M. le Docteur-Professeur X.

Je démontrais encore que si un crime avait été commis, il fallait l'imputer à celui qui avait permis à la lésion d'atteindre les limites au-delà desquelles la chirurgie elle-même est sur le point d'abdiquer, et non pas au chirurgien résolu qui, acceptant le cas tel qu'il s'offrait à lui, et sans perdre de temps à incriminer personne, avait attaqué, le fer à la main, l'affreuse maladie et en avait victorieusement débarrassé la patiente.

Je protestais enfin, de la manière la plus formelle, contre les autres griefs qui émaillaient accessoirement la harangue de mon téméraire et impétueux critique.

Le lecteur appréciera en outre si mon mémoire était suffisamment courtois et académique dans sa forme, et scrupuleusement expurgé de toute expression malsonnante.

La plus élémentaire équité enjoignait l'audition

de la riposte à la Société qui avait accueilli l'attaque.

Erreur! La Société de Médecine de Rouen a déclaré qu'elle n'entendrait pas la réponse du docteur Gignoux.

— Pourquoi?

— Parce que ladite Société a une autre mission à remplir que de servir de champ-clos aux querelles personnelles; afin d'éteindre au plus tôt cette regrettable discussion, elle n'en veut plus entendre parler.

— Très-bien! — Mais, du moins, dans le procès-verbal où figure la volonté expresse de ne pas entendre la réponse, la Société va sans doute exprimer le regret d'avoir écouté l'attaque, et l'expression de ce regret sera un blâme indirect mais réel infligé à l'agresseur?

Nullement. Ah! si la malade était morte, si les preuves de l'impéritie de A ou du talent de B gisaient à présent à 2 mètres sous terre, loin des orages du monde et des débats académiques, on aurait pu ergoter longtemps là-dessus sans conclure et laisser en définitive dans l'indécision une bonne partie du public. Mais non, la malade vit, heureuse, bien portante et prête à se soumettre à tous les contrôles !

Mais alors..................................

....

Médecins, concluez, et vous Public, notre arbitre à tous, jugez !

F. GIGNOUX.

Rouen, le 1er septembre 1873.

*Monsieur le Président et Messieurs les Membres
de la Société de Médecine de Rouen,*

MESSIEURS,

Dans la dernière séance de la Société de Médecine, un honorable confrère a cru devoir porter contre moi une grave accusation.

Je viens répondre, honorables Messieurs, à l'attaque dont j'ai été l'objet devant vous, en m'efforçant de conserver à la discussion le seul caractère qui lui convienne. Engagé devant une société savante, le débat ne peut être que scientifique ; c'est, au fond, la seule manière de faire la conviction dans les esprits, de provoquer des jugements raisonnés et équitables et de laisser toujours une porte ouverte à la réconciliation, sur le terrain de la Vérité et de la Bonne Foi.

Mon critique m'a accusé :

I.

D'avoir fait subir à une de ses clientes une terrible opération en vue d'extirper un mal justiciable d'une médication interne, et cela, sans avoir essayé au préalable, le moindre traitement résolutif.

II.

D'avoir violé, à son préjudice, les saines traditions de toute confraternité.

Je réponds à ces deux allégations :

Le 25 juillet dernier, quand j'ai vu pour la première fois Madame A..., j'ai diagnostiqué, sans peine et en toute certitude, une tumeur épithéliale de la langue, occupant la moitié latérale droite de l'organe, — commençant, en avant, à deux centimètres de la pointe, et s'étendant, en arrière, jusqu'au pilier antérieur du voile du palais qu'elle touchait exactement ; — sur la ligne médiane, la lésion s'étendait encore plus profondément encore et n'était distante que d'un centimètre environ de la portion libre de l'épiglotte.—En épaisseur, c'est-à-dire dans le sens vertical, elle comprenait les 2/3 de l'épaisseur de la langue. Deux petits ganglions se laissaient percevoir dans la région sous-maxillaire, mais comme ils ne me paraissaient pas présenter cette induration spécifique qui caractérise la dégénérescence cancéreuse, et qu'on en observait de semblables du côté sain, je crus pouvoir les attribuer au catarrhe buccal intense dont souffrait la malade, et qui se montre, du reste, dans tous les cancers de la bouche.

La nature du mal m'était révélée :

1° Par la large ulcération cratériforme de sa surface, les nombreuses végétations en chou-fleur dont elle était hérissée, l'ichor fétide et caractéristique qui s'en exhalait, et par l'induration pathognomonique du tissu lingual sous-jacent;

2° Par la tendance aux hémorrhagies dès que mon doigt, dans un but d'exploration, touchait les parties malades;

3° Par le siége de la lésion, qui avait débuté sur les bords et la face supérieure de la langue, au lieu de se montrer à la base, comme le font généralement les tumeurs syphilitiques;

4° Par les douleurs lancinantes, plus prononcées dans l'après-midi et la nuit, et s'irradiant jusque dans l'oreille;

5° Par l'absence complète de toute manifestation syphilitique, actuelle ou éloignée, non-seulement chez la malade elle-même, mais chez ses ascendants ou ses proches. Madame A.... présente, il est vrai, quelques nodosités sous-entamées datant de 15 à 20 ans, et complétement stationnaires, mais prendre ces nodi fibro-plastiques ou enchondromateux pour des symptômes tardifs de vérole, pour des gommes syphilitiques, c'est faire preuve d'une incompétence clinique qui décourage la discussion;

6° Par l'insuccès complet du traitement spécifique dirigé antérieurement pendant quatre mois et demi par mon honorable Prédécesseur, et qui comprenait, outre certains moyens locaux exactement insignifiants ou nuisibles, l'usage de l'ioduro potassique *continué* pendant trois bons mois consécutifs; c'est là, où je ne m'y connais pas, un véritable « essai loyal »;

7° Par la confirmation formelle de mon diagnostic par Messieurs les docteurs Borel et Jude-Huc, présents à l'opération;

8° Par l'avis conforme, précédemment émis par M. le docteur Hellis, ancien médecin des hôpitaux de Rouen. Ce médecin, consulté un mois auparavant, a dit textuellement à Madame A..... « Madame, votre seule chance de salut est d'aller trouver le docteur Y, et de vous faire immédiatement extirper votre mal, car il est de ceux qui ne cèdent qu'au bistouri; »

9° Par l'âge de la malade (55 ans), âge des manifestations cancéreuses; les lésions syphilitiques se développent généralement plus tôt;

10° Par l'examen de la tumeur après extirpation; examen, il est vrai, qui n'a été fait qu'à l'œil nu, à la faveur de coupes diverses, mais qui a paru si probant que nous n'avons pas éprouvé la nécessité de recourir au contrôle du microscope. Du reste, sans vouloir contester ici la valeur de l'instrument grossissant, il est bien permis de dire que l'ensemble de la physionomie clinique d'une lésion, aussi facilement appréciable, prévaut toujours quand il s'agit de déterminer la nature bénigne ou maligne d'une tumeur. Nous n'amputons pas un organe parce que le microscope y révèle tel ou tel cône épidermique; non, nous y portons le fer ou le caustique lorsque nous le voyons détruit par un néoplasme sans cesse envahissant. Le vrai cancer, lui-même, quelque bien établi qu'il soit par l'examen histologique, tant qu'il n'évolue pas, tant qu'il se maintient dans une phase d'innocuité relative, n'indique qu'une neutralité attentive, mais nullement une intervention armée.

A ces preuves, Messieurs, je crains bien que l'avenir vienne en ajouter une autre : la terrible, la presque inévitable récidive ! Toutefois le cancroïde est moins fatalement récidivant que les autres variétés du cancer, et, dans mon opération, je n'ai reculé devant aucun sacrifice organique pour assurer une guérison aussi durable que possible.

Résumons à présent, Messieurs, pour l'édification de notre confrère, le diagnostic différentiel du cas.

Une pareille maladie ne pouvait être qu'une *tumeur fibreuse* ou un *engorgement inflammatoire chronique*, ou une réunion de *plaques muqueuses végétantes*, ou une *tumeur gommeuse*, ou enfin un *cancroïde*. J'omets à dessein de mentionner les Kystes, les tumeurs érectiles, les lipomes, l'hypertrophie fibreuse de la langue.

Pour ne pas abuser de vos instants, Messieurs, en vous exposant des faits qui vous sont familiers à tous, aussi bien que pour me renfermer dans les limites du débat, je vais examiner seulement si la tumeur était *condylomateuse, gommeuse* ou *épithéliale*.

Les condylomes larges, les plaques muqueuses végétantes de la langue sont blanchâtres, ne saignent pas quand on les touche, ne sont pas doublées d'une induration capable d'abuser le doigt du chirurgien ; et puis, le sujet présente ou a présenté d'autres manifestations syphilitiques. Eh! bien, ici, je le répète encore, il est impossible de saisir le moindre indice, de découvrir le plus léger glandage, de mettre en évidence la plus petite tache ou la plus imperceptible cicatrice qui permette seulement de supposer que le virus syphilitique a pénétré dans cet organisme.

Il a pu y pénétrer, dites-vous, par voie d'hérédité! Voyons, tout a donc changé depuis dix ans que j'ai quitté les bancs de l'école! Où et quand avez-vous vu des manifestations de la syphilis héréditaire se développer plus tard que durant la période de l'enfance? Quel motif avez-vous de croire que le père de la malade, qui est mort à 75 ans, sans avoir pour ainsi dire jamais fait de maladie, ait un jour contracté la syphilis et l'ait transmise à ses enfants? — La mère est également parvenue jusqu'à 65 ans sans avoir présenté de sa vie le moindre indice qui autorise un pareil soupçon. Vous le voyez, tout manque : anamnestiques, symptômes concomitants, étiologie, pathogénie, rien ne tient debout.

En fait, l'hypothèse syphilitique a pris naissance,

de toutes pièces, dans votre sens médical fourvoyé, sans avoir pour facteur une seule raison plausible. Je doute fort que cette nouvelle *génération spontanée* vous fasse grand honneur auprès des hommes compétents.

La tumeur serait-elle davantage une gomme de la langue? Je crains fort, Messieurs, que mon honorable critique n'ait jamais vu, ce qui s'appelle bien vu, une seule gomme syphilitique de sa vie. Qui ne sait que les gommes de la langue constituent des tumeurs plus ou moins bien arrondies, généralement bilobées, toujours indolentes, et molles comme la pulpe d'une cerise mûre? Les voit-on débuter sous la forme d'une petite crevasse siégeant sur le bord et près de la pointe de l'organe? Au contraire, elles apparaissent vers le milieu de la base, c'est-à-dire, vers l'isthme du gosier.

Enfin, dans les cas douteux, le traitement est une précieuse et presque infaillible pierre de touche. Quel a été l'effet du traitement en question continué, je le répète, pendant trois bons mois consécutifs? Absolument nul. Le mal ne mesurait au début qu'un centimètre dans tous les sens; après 90 jours d'iodure, il en mesurait 6, sans compter l'ulcération, la suppuration ichoreuse, la douleur et le catarrhe le plus incommode et le plus repoussant de toute la muqueuse buccale.

Je pourrais me borner, je crois, à cet exposé de motifs. Cependant comme je ne veux laisser debout aucune des insinuations de mon contradicteur, je le suivrai sur un terrain qui n'est pas le mien et que je n'aborde que contraint et forcé par le devoir de la légitime défense.

Mon critique me reproche d'avoir appelé à mon aide un *endormeur parisien,*

Et d'administrer à présent à la malade de l'iodure de potassium, preuve certaine que la nature du mal me serait aujourd'hui connue.

Messieurs, l'endormeur parisien n'est autre que notre honorable confrère, le docteur Jude Huc qui n'habite pas Paris, qui va revenir prochainement parmi nous, et que je tiens, sans parler de ses autres mérites, pour un des plus habiles chloroformisateurs qu'on puisse rencontrer. J'en ai cependant vu, et de très-experts, y compris mon illustre maître, M. le professeur Bouisson, auteur d'un ouvrage demeuré classique sur la méthode anesthésique. Aussi je tâche, quand je puis, de m'assurer le concours du docteur Huc dans toutes mes grandes opérations. J'estime que la collaboration de ce confrère n'est pas de nature à jeter le discrédit ni sur une opération, ni sur un chirurgien. Mon entreprise, dans l'espèce, était extrêmement scabreuse : l'opération n'a pas duré moins de deux heures et demie, et la patiente a dû absorber plus de 300 grammes de chloroforme. Nous avons obtenu une anesthésie parfaite, qui a singulièrement facilité nos manœuvres, et tout cela, sans une minute de danger.

Quant à l'*iodure potassique*, il fait le digne pendant, comme exactitude, de l'*endormeur parisien*. Je n'ordonne en ce moment à la convalescente qu'une substantielle alimentation. J'y joindrai demain la promenade et le grand air. Cependant, je dois l'avouer, depuis que je vais dans cette maison, j'ai prescrit un emplâtre de Vigo et une solution iodurée . . . . . . au gendre lymphatique de la malade qui a déjà eu, dans le temps, une carie de côte, et qui souffre, en ce moment, d'une ostéite chronique sur un autre de ces leviers osseux.

Mon honorable critique dira sans doute qu'il a été trompé par les cancans des voisins, ou par des récits infidèles. Je lui répondrai que, lorsqu'on se croit le droit de venir étaler toutes ses petites misères, toutes ses déceptions professionnelles devant une Société savante, on doit au moins faire l'honneur à cette Société de ne lui exposer que des faits exacts, surtout quand la vérification en est si facile.

A mon tour, j'ai demandé, — à mon corps défendant, je le répète, car tous ces ragots de portière me sont antipathiques au premier chef, — j'ai demandé, dis-je, à la malade, si mon honorable prédécesseur paraissait s'être entouré de tous les éléments d'information capables d'éclairer son jugement, s'il avait, par exemple, examiné au microscope qui lui est, dit-on, familier, des parcelles de la lésion, etc., etc. — Messieurs, je suis certain que vous n'allez pas me croire, mais je vous assure qu'il m'a été répondu très-explicitement et très-catégoriquement par la malade et par sa famille que, durant les quatre mois et demi que cet honorable confrère avait dirigé le traitement, il n'avait jamais mis le doigt sur la langue et ne s'était jamais livré à aucune exploration manuelle ! !

Mon bouillant critique a cru devoir qualifier de *criminelle* ma laborieuse et difficile opération.

Ce mot ne me touche pas plus que tant d'autres, et même, s'il était fondé, je le trouverais à peine suffisant pour stigmatiser mon ignorance, ou flétrir mon indignité.

Mais moi, quand je vois un homme investi de la confiance d'un patient, traiter par des résolutifs une tumeur de la langue, d'un caractère au moins suspect, et que, durant quatre longs mois de traitement, la lésion étend tous les jours ses ravages, qu'elle touche déjà les piliers du voile du palais, qu'elle confine à l'épiglotte, qu'elle oppose les plus graves difficultés à la déglutition et à l'alimentation, qu'elle s'ulcère en un cratère fougueux et fétide, — j'en appelle à ceux qui l'ont vue, — que les douleurs, d'abord rares et fugaces, deviennent continues et sévères, lorsque, en un mot, tout dénote cliniquement le cancer ;

Lorsque, dis-je, je vois cet homme, ne pas seulement se donner la peine de toucher, de palper, d'explorer chirurgicalement l'organe, — qu'il se borne à asseoir son jugement sur de simples impressions visuelles, où je ne sais quelle conception mystique de dyscrasie constitutionnelle, et qu'enfin de compte il se retranche derrière le fantôme syphilitique,—refuge banal des impuissants du dignostic et de la thérapeutique, — je dis que cet homme a une étrange façon de comprendre ses devoirs de médecin, et je laisse à l'élément éclairé et impartial de la Profession, le soin de choisir l'épithète qu'il serait juste, sinon charitable, de lui infliger !

Mon critique se retranche enfin derrière les deux allégations que voici :

La malade aurait négligé de suivre attentivement ses prescriptions ; elle n'aurait employé l'iodure que pendant quelques jours seulement.

De plus, la lésion pour laquelle j'ai opéré, était déjà en voie de réparation ; j'aurais pris pour des végétations cancéreuses, de beaux et louables bourgeons charnus, présage heureux d'une prochaine cicatrisation.

Remarquons d'abord la contradiction flagrante qui se dégage de cette double assertion. Si, en effet, la médication iodurée n'a pas été convenablement suivie, comment admettre qu'une lésion, qu'on affirme syphilitique, puisse se réparer et guérir ? — Et s'il est vrai que la lésion syphilitique fût en voie de guérison, quelle raison a-t-on de contredire les affirmations de la malade qui prétend avoir suivi à la lettre les ordonnances de son docteur ?

La Vérité, Messieurs, ne fraie pas ces sentiers tortueux et compromettants de l'équivoque. Je vais rétablir les faits.

La vérité vraie, c'est que la malade, effrayée de sa maladie et on ne peut plus désireuse d'en guérir, a suivi ponctuellement les prescriptions de son médecin. Pendant trois bons mois consécutifs elle a pris son iodure de potassium et tous les autres prétendus fondants ou dépuratifs qui lui ont été conseillés. Les ordonnances, plusieurs fois timbrées par plusieurs pharmaciens, en font foi. Ce n'est que pendant le quatrième et dernier mois que les progrès incessants du mal ayant rendu fort douloureux le contact des liquides les plus doux et les plus inoffensifs, tels que le bouillon sans sel et le lait, l'ingestion de l'iodure ne fut plus possible, et la malade, à son grand regret, dût se priver d'un remède dont elle espérait encore, — la malheureuse! — soulagement et guérison. Cependant, convenons-en, l'essai loyal était fait.

Quant à l'assertion que l'ulcération linguale était en voie de cicatrisation et recouverte de superbes bourgeons charnus, je la considère comme une de ces objections auxquelles on ne peut répondre : les termes académiques manquent complètement pour cela, et je me suis promis de rester académique.

Je serai plus bref, Messieurs, dans ma réponse au deuxième chef d'accusation.

Voici le principe de ma conduite en matière professionnelle :

Lorsqu'un malade réclame mes soins, je considère comme mon devoir et mon droit : d'explorer le cas, d'asseoir un diagnostic, d'indiquer un traitement, et quand ce traitement est chirurgical, de l'exécuter *moi-même*, avec le consentement du patient et de sa famille. Aucune considération ne me fait transiger avec ce que je considère comme mon devoir et mon droit. Je me porte garant qu'il en sera toujours ainsi.

Cependant, lorsque mes relations avec le médecin traitant, sont sympathiques et courtoises, — et, dans l'espèce, c'était précisément le cas, — je demande à m'associer ce confrère, pour lui exposer mes motifs et agir de concert avec lui. Quand la famille refuse, je ne me crois pas le droit d'insister.

Eh bien ! j'affirme sous ma garantie personnelle, et certainement la malade ni ses proches ne me démentiront pas :

1° Que j'ai différé d'opinion avec mon honorable prédécesseur, mais que, loin de le charger, j'ai dit hautement qu'il avait sagement agi en essayant d'épargner à la malade la cruelle nécessité d'une opération.

Appelé moi-même au début, je n'aurais pas agi autrement ; mais qu'à présent que l'expérience était faite et le danger pressant, il n'y avait plus un seul jour à perdre ;

2° J'ai proposé une consultation avec mon prédécesseur. On m'a refusé par la raison que ce docteur, à qui on avait demandé son avis sur l'opportunité d'une entrevue avec le docteur Y....., s'y était énergiquement opposé, tant il la croyait inutile. On a ajouté qu'on redoutait l'explosion de sa mauvaise humeur, ses paroles de découragement, bref qu'on en voulait plus. Je n'insistai pas devant une résolution qui me parut invincible;

3° J'ai proposé à la malade d'aller voir, pour dissiper ses incertitudes d'autres chirurgiens, soit à Rouen, soit à Paris; mais si elle voulait le faire, de se hâter. Dans ce but, je lui accordai 5 ou 6 jours de répit, que j'utilisai à mûrir le meilleur plan possible pour la débarrasser de son affreuse maladie.

La famille ne crut pas devoir donner suite à ce deuxième avis, et l'opération eut lieu le 31 juillet.

Aujourd'hui, 25 jours après l'opération, la malade est guérie. Je n'ai pas garanti à la famille la pérennité de la guérison, mais je crois avoir fait acte de charité en épargnant à l'héroïque patiente de sombres prévisions.

Et maintenant, Messieurs, voici ma conclusion :

Si l'exposé vrai et sincère, que je viens d'avoir l'honneur de vous soumettre, pouvait encore laisser planer quelques doutes, si mon honorable critique désire, pour son malheur, une démonstration plus complète et plus éclatante, j'oserai proposer à la

Société de Médecine de désigner un certain nombre de ses membres pour examiner la malade, et contrôler la véracité de mes assertions ainsi que le diagnostic. La tumeur étant à présent enlevée, ce seul élément d'information manquera à l'enquête, mais les hommes éclairés, chargés de l'instruire, sauront toujours apprécier si, oui ou non, la syphilis peut seulement être mise en cause.

Parmi les membres de la Société de médecine de Rouen, je ne compte encore que peu d'amis. Je tiens à ce qu'ils soient tous écartés.

Il y a aussi, dans la Société, un homme auquel je me permettrai de décerner le titre honorable d'Adversaire, mais dont les lumières et la loyauté m'inspirent confiance. Cet homme, si vous voulez bien que je le nomme, est Monsieur le docteur Z.... — Je demande instamment sa présence au milieu de cette commission d'arbitrage.

La mesure des conditions d'impartialité sera comble, j'espère, et mon honorable critique devra se montrer aussi satisfait que moi de ma proposition.

Nous aurons pour dégager la vérité :

L'examen de la malade ;

La compétence du docteur Z...., assisté de trois ou quatres de ses confrères ;

La loyauté incontestable et incontestée de ces honorables docteurs ;

Ma confiance est égale dans ces trois éléments de démonstration.

Recevez, Monsieur le Président et Messieurs les Membres de la Société de Médecine, l'assurance de mes sentiments confraternels et respectueux.

Signé : GIGNOUX.

Rouen, le 25 août 1873.

www.ingramcontent.com/pod-product-compliance
Lightning Source LLC
Chambersburg PA
CBHW060451050426
42451CB00014B/3271